평강의 주께서 친히

때마다 일마다

평강을 주시기를 기도하며

특별히 _____________ 님께

이 소중한 책을 드립니다.

GLOBAL MISSION BIBLE STUDY ❷

이동원 목사 지음

성숙을 향하여
·
그의 몸된 교회를 위하여
·
예배의 축복
·
교회 봉사의 원리
·
하나되게 하신 교제
·
거룩한 교제의 목표
·
아버지의 명령
·
십일조와 헌금의 축복
·
영적 지도자(목사)에 대한 바른 이해
·
교회의 승리와 우리의 승리

도서출판 나침반社

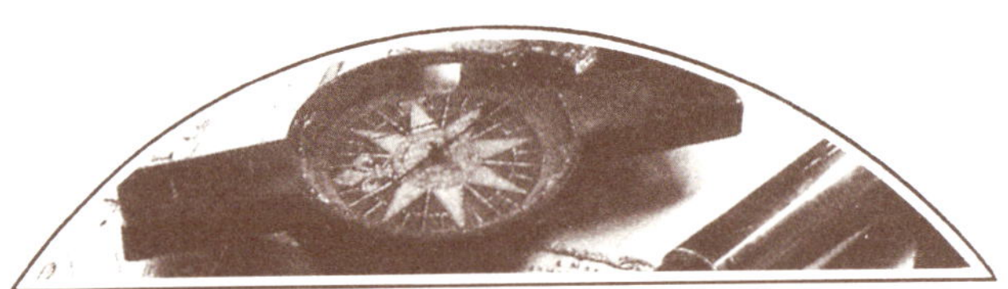

종합선교 – 나침반 출판사 / 그리스도인들의 성장을 돕습니다.

110 - 616 서울·광화문 우체국 사서함 1641호 ☎(02)2279-6321~3/주문처(02)2606-6012~4

COMPASS HOUSE PUBLISHERS

A DIVISION OF NACHIMVAN (=COMPASS) MINISTRIES
KWANGHWAMOON P. O. BOX 1641, SEOUL 110-616, KOREA

「새가족」이 되신 것을 환영합니다.

하나님 앞에서의 신앙의 결단은 개인적(personal)인 것입니다.
그러나 그리스도인의 공동체에 소속하게 된 순간부터
우리는 결코 개인들이 아니라고 성경은 말합니다.
우리는 그리스도의 몸된 교회의 한 지체가 된 것입니다.
교회는 어느 의미에서 '연장된 가족'(extended family)이라고
할 수 있습니다. 신앙생활의 성패는 우리가 얼마나 진지한
가족의식을 갖고 신앙의 장에 서서 살아가느냐에 달려 있다고
할 수 있습니다.

이 작은 책자는 그리스도 안에 있는 생명을 경험하신 분들이
그리스도의 은혜 안에서 자라갈 수 있도록 기획되었습니다.
여기에는 아주 실제적인 교회생활의 여러 기능과 과업들이
다루어져 있습니다. 이 내용들을 연구하시면서 당신은
아주 의미있고 능동적인 교회가족이 되어 교회와 하나님 나라를
섬기시는 당신의 모습을 발견하게 되시기를 기도합니다.

부디 진지하고 성실한 또 한번의 진리탐구의 과정에
성령님의 은혜가 함께 하시기를 바랍니다.

주후 1996년 여름

이동원 드림

1

성숙을 향하여

요한일서 2:12~14

암송요절 "오직 우리 주(主) 곧 구주 예수 그리스도의 _______와 저를 아는 _______ 에서 _______. 영광이 이제 와 영원한 날까지 저에게 있을지어다"(베드로후서 3장 18절).

사랑하는 성도님! 당신은 그리스도 안에서 믿는 자에게 허락된 _______을 소유하고 이제 함께, 한 지역교회를 섬기는 _______이 되셨습니다. 새 생명반을 수료하고 새 가족반에 참여하게 된 당신에게 진심으로 축하의 말씀을 전함과 아울러, 이 새 가족반을 통하여 주님의 놀라우신 손길을 경험하시기를 기도합니다.

먼저 새 가족반을 통해 성취하고자 하는 세 가지 목표를 말씀드립니다.

첫째, 새 생명을 얻은 당신이 영적으로 지속적인 _______을 할 수 있도록 돕는 것입니다.

둘째, 교회 안에서 당신이 더 이상 손님으로서가 아닌 _______ 으로서의 일체감을 느끼며 교회 안에 정착하도록 돕는 것입니다.

셋째, 앞으로 교회 안에서 교회를 통하여 하나님의 나라를 위해 귀히 쓰임받는 충성스러운_______이 되도록 돕고자 하는 것입니다.

이제 "영적 성숙의 중요성"에 대해 함께 생각하고자
합니다.

본문 말씀인 요한일서 2장 12,13절 말씀을 보십시
오. 여기에는 성도의 영적 성장에 따른 네 가지 다른
호칭이 등장하는데, 성숙의 순서에 따라 기록하면 ____
____,____,____,____의 순서가 됩
니다. 이 네 가지 영적 성숙의 단계를 살펴보면서, 우
리의 성숙의 정도가 어디에 와 있는지를 점검하고 우
리가 어떻게 "성숙을 향하여" 노력할 수 있을 것인지
생각해 보고자 합니다.

자녀들(아기들)의 단계

본문에 나타난 "자녀들"이라는 헬라어 단어 『테그니아』
(teknia)는 한 생명이 출생하면서부터 부여받는 자녀
의 호칭입니다. "영접하는 자 곧 그 이름을 믿는 자들
에게는 하나님의 ____가 되는 권세를 주셨다"는
요한복음 1장 12절 말씀에 나타난 "자녀"와 동일한 단
어입니다. 그런데 본문 12에서는 이 자녀가 되기 위한
기본적 체험으로 예수의 ____으로 ____을 얻
는 것을 강조합니다.

새 출발을 소원하는 사람마다 과거에서 떠나야 합니
다. 우리가 죄악된 과거를 떠날 수 있는 유일한 길은,
예수 그리스도의 보혈로 죄사함을 얻는 것입니다. 바

울은 에베소서 1장 7절에서 "__________ 그리스도 안에서 그의 은혜의 풍성함을 따라 그의 피로 말미암아 구속(救贖) 곧 죄사함을 받았으니"라고 고백했습니다.

당신은 빈칸에 당신의 이름을 넣어 이 구절의 내용을 고백할 수 있으신지요? 그렇다면 당신은 분명히 하나님의 자녀가 되신 것이요, "그리스도 안에서__________"(고린도전서 3장 1절)가 되신 것입니다.

만일 당신에게 아직 죄사함의 확신이 없다면, 금주 안으로 교회 내의 성숙한 영적 지도자를 만나 신앙 상담을 받도록 하십시오.

아이들

본문의 "아이들"이라는 헬라어 『파이디아』(paidia)는 본래 경험이 부족한 사람, 따라서 누군가의 안내를 필요로 하는 미성숙한 사람을 뜻합니다. 또 유아보다는 조금 더 자라난 연령의 아이를 뜻합니다. 영적으로 이와 같은 단계에 도달한 이에게 일어나는 가장 중요한 체험은 "______를 알게 되는 사건"(14절)입니다. 그리고 이 체험의 시작을 가리켜 바울 사도는 로마서 8장 15절에서, 우리가 하나님을 향하여 아바______로 부르짖는 사건이라고 말합니다. 다시 말하면, 이것은 기도의 시작이라고 할 수 있습니다. 하나님의 자녀가 된 후에도 아직 하나님 아버지를 향해 참으로 기도하는 삶을 시작하지 못했다면, 당신은 아직 영적 아이들의 단계에도 이르지 못한 것입니다. 아버지와 대화 없이는 아버지를 알아 갈 수가 없습니다.

청년들

본문에 나타난 영적 청년의 특성으로 특히 두 가지가 강조되는데, 첫째는 _______는 것이고, 둘째는 흉악한 자(마귀)를 _______는 것입니다. 이것은 과연 젊음의 상징이라고 할 수 있습니다. 그러나 영적 체험이 이 단계에 도달하기 전까지 우리는 늘 연약함을 경험하며 유혹 앞에서 일상적으로 패배를 경험합니다. 그러면 과연 우리는 어떻게 강해지고 어떻게 승리를 경험할 수 있을까요? 한마디로 그것은 _______의 _______이 우리 속에 거하여(14절) 살아 움직일 때에만 가능합니다. 당신은 말씀을 듣고, 읽고, 연구하고, 암송하고, 묵상하고, 적용하는 일에 꾸준히 노력하고 있습니까? 아니라면 영적 미성숙과 패배는 오히려 당연한 것입니다. 청년의 단계가 항상 승리를 보장하지는 않지만, 적어도 청년은 승리의 능력을 체험하며 사는 자입니다. 당신은 여기까지 오셨습니까?

아비들

신앙의 정상은 영적 아비(어미)가 되는 것입니다. 아비란 많은 _______을 갖고 있고, _______를 두고 있는 자를 일컫습니다. 본문에서 아비는 태초부터 계신 이를 아는 자라고 말합니다(13, 14절). 그는 우주의 창조 때부터 일하시는 하나님의 경륜을 깊이 이해합니다. 뿐만 아니라, 그는 바울 사도처럼 자기가 영적 아들이라고 부를 수 있는 디모데, 디도, 오네시모 등의 영적 자녀들(제자들)을 양육하여 자기 신앙의 영향권을 이웃들에게 넓히며 다음 세대에 신앙을 계승합니다. 당신은 이 궁극적 성숙의 정상을 향한 열망을 갖고 계십니까?

 **맺는 질문**

나의 영적 성숙의 정도는?(V표 하십시오)

 **금주의 과제**

1. 요절을 암송하십시오.

2. 제 1과 "성숙의 4계절"을 복습하며 감동되었던 점
   들을 기록해 보십시오.

3. 제 2과를 예습하십시오.

   * 참고도서-"영원에로의 초대"(죠지 스위팅 지음, 이동원 옮김, 나침반출판
      사 간행) pp. 30~38.

"가장 악랄한 죄인이라도 예수님을 통해
가장 거룩한 성인(聖人)이 될 수 있다."

2

그의 몸된 교회를 위하여

골로새서 1:24~29

암송요절 "내가 교회의 _______ 된 것은 하나님이 너희를 위하여 내게 주신 경륜을 따라 하나님의 _______을 이루려 함이니라"(골로새서 1장 25절).

성 어거스틴(St. Augustine)은 "교회를 _______로 섬기지 못하는 사람은 하나님을 아버지로 부를 자격이 없다"고 말했습니다. 교회는 우리의 영혼이 양육되는 _______와 같습니다. 건강한 교회 생활은 건강한 가정 생활만큼이나 중요합니다. 가정에 대한 건강한 경험이 우리의 인격 성장에 결정적 영향을 끼치듯, 교회에 대한 건강한 경험은 우리의 _______성장에 결정적 영향을 끼칩니다. 따라서 가정에 대한 건강한 태도만큼이나 교회에 대한 우리의 건강한 태도는 신앙 생활에서 매우 중요합니다. 본문은 구원받은 성도들이 교회에 대하여 취해야 할 중요한 세 가지 태도를 바울의 모본과 권면을 통하여 가르치고 있습니다.

교회를 통한 축복을 최대한 받아 누림

행복한 어린이가 가정이 제공하는 축복을 풍성하게 누리며 자라 가듯, 행복한 성도는 교회가 제공하는 축복을 풍성하게 받아 누릴 줄 알아야 합니다. 교회가 우리에게 제공하는 가장 중요한 두가지 축복은 다음과 같습니다.

첫째, 이방인이었던 우리가 영광의 ________이신 ________를 영접함으로 구원받게 된 것입니다(1장 27절).

둘째, 교회는 그리스도를 전파하고, 권하고, ________, 각 성도를 그리스도 안에서 ________한 자(성숙한 자)로 세우는 것입니다(1장 28절). 즉, 이것은 구원의 축복과 성장의 축복입니다. 아직도 구원받지 못했다면, 먼저 복음의 뜻을 깨우쳐 알아야 하고, 구원을 받았으나 바람직한 성장이 없다면, 말씀을 더욱 철저하게 배우는 자리에 있어야 합니다.

> **질문 1** 당신에게는 신앙 성장을 위한 배움을 방해하는 요인이 무엇이며 그것을 어떻게 극복할 수 있겠습니까?
>
> • 요인 1/
>
> • 요인 2/
>
> • 극복:

교회를 섬기는 일꾼이 됨

본문 25절에서 바울 사도는 자신을 교회의 ________으로 자처합니다. 가정에서 자라나는 자녀들은 대개

두 가지 다른 유형으로 성장해 갑니다. 언제까지나 부모에게서 받기만 하는 수동적 자녀가 있는가 하면, 커 가면서 부모의 짐을 나누어 짊어지거나 혹은 부모가 맡겨 준 책임을 기꺼이 감당하는 능동적 자녀가 있을 수 있습니다. 교회 내에서도 늘 받기만을 기대하는 자로 머물러 있는 사람은 아직 제대로 성장하지 못한 것입니다. 이런 사람은 ________꾼이지 아직 ________꾼은 아닙니다. "현대 교회의 무기력은 교회 안에 많은 신자들이 관객의 상태에 머물러 있기 때문"이라고 지적한 키에르케고르(Kierkegaard)의 지적은 정곡을 찌르는 말입니다.

교회를 위해 고난도 받을 수 있어야 함

충성된 일꾼은 일하는 도중에 고난을 만나도 극복하는 사람이지만, 피상적 일꾼은 처음에는 일(봉사)에 의욕을 갖다가도, 조금 어려운 일이 발생하면 그 일에서 후퇴하거나 포기해 버리는 사람입니다.

사실 우리가 교회를 사랑하지 못하는 것은 교회를 위한 진정한 ________의 경험이 없기 때문입니다. 어머

니는 자녀를 위해 해산과 양육의 고통을 겪으면서도
여전히 자녀를 사랑합니다. 자녀를 위한 어머니의 고
난은 결코 자녀 사랑의 방해 요인이 아닙니다. 어머니
는 그 고난 때문에 더 큰 사랑을 갖습니다.

질문 3 본문 24 절에서 "그리스도의 남은 고난"이란 무엇
을 의미하는 것일까요?

초대교부(初代敎父)들은 교회를 "그리스도의 성육
신(成肉身)의 연장"(extension of Christ's incar-
nation)이라고 생각하였습니다. 사실상 그리스도는 지
금 교회를 통하여 일하고 계시며, 그런 의미에서 교회
는 분명 그리스도의 몸입니다. 그리스도에 대한 최고
의 충성은 결국 교회를 그리스도처럼 여기고 섬기는
것이라고 할 수 있습니다. 그렇게 하는 사람 중에서 교
회 지도자가 나옵니다.

 ## 맺는 질문

우리는 이제 교회와의 관계에서 나의 신앙 생활의 성
숙 정도를 다음 네 단계로 평가해 볼 수 있습니다. 나
의 자리는 어디일까요?(V표 하십시오)

구경꾼　　　피상적 일꾼　　　충성된 일꾼　　　지도자

(　　)　　　(　　)　　　(　　)　　　(　　)

 ## 금주의 과제

1. 요절을 암송하십시오.
2. 제 2과 "몸된 교회를 위하여"를 복습하며 감동되었
   던 점들을 기록해 보십시오.

3. 제 3과를 예습하십시오.

　* 참고도서-"영원에로의 초대"(죠지 스위팅 지음, 이동원 옮김, 나침반출판
　　사 간행) pp. 106~112.

"그리스도의 교회는 세상의 유일한 소망이요,
평화의 약속이다."
- 더글라스 헤이그 경(영국 장군) -

3

요한계시록 4:1~11, 5:7~14

암송요절 "하나님은 영(靈)이시니 예배하는 자가 _______
___ 과 _________으로 예배할지니라"(요한복음 4장 24절).

그리스도인의 삶에서 가장 영광스러운 특권 가운데 하나는, 성삼위(聖三位) 하나님께 대한 예배의 특권이라 할 수 있습니다. 예배는 특권일 뿐 아니라 그리스도인의 _________이기도 합니다. 우리는 주일마다 교회에 나가 예배를 드리고 있습니다. 그런데 우리의 예배는 얼마나 보람과 의미로 가득 찬 예배로 드려지고 있을까요? 오늘날의 예배 동기의 빈약성은, 한마디로 참된 예배의 축복을 알지 못함에 기인합니다.

사도 요한은 밧모 섬에서 주(主)의 _________를 접하는 동안, 주께서 잠시 그에게 천국의 커튼을 열어 보여 주신 하늘나라의 예배 광경을 주목하게 되었습니다. 여기서 우리는 참된 예배의 축복이 무엇인지 관찰할 수 있습니다.

참된 예배의 축복

첫째로, 참된 예배는 하나님의 _________를 체험케 합니다.

심리학자 에릭슨(E. Erickson)에 따르면, 어린아기의 행복은 엄마의 젖꼭지를 물고 엄마의 풍성한 존재를 확인하는 순간이라고 합니다. 성도의 행복은 하나님의 풍성하신 임재의 체험에 있습니다. 예배는 그분의 임재를 체험케 하는 가장 실제적인 자리라 할 수 있습니다. 본문에 나타난 하늘나라 예배의 정황을 보면 _________ 이 열리고(4장 1절) 하나님의 _________이 들려 오고 (4장 1절) 성령에 _________되어(4장 2절) _________ 앞에 서게 되는 체험이 일어났습니다. 이것은 오늘날도 여전히 공중(公衆) 예배에서 우리가 경험할 수 있는 축복입니다.

둘째로, 참된 예배는 하나님의 _________을 닮게 합니다.

한마디로 예배는 하나님을 바라보는 일입니다. 인간은 바라보는 대상을 닮도록 되어 있습니다. 이것이 바라봄의 법칙입니다. 하나님을 바라보면 _________을 닮게 됩니다. 본문 4절에 보면 예배를 드리는 24장로들이 등장합니다. 많은 성경학자들은 이 24장로가 구약시대와 신약시대를 대표하는 성도들의 모습이라고 이해합니다. 그들은 _________을 입고 머리에 _________ 면류관을 쓰고 앉아 있다고 했습니다. 아마도 이것은 그들의 거룩성과 영광스러움의 상징이라 할 수 있습니다. 그런데 이 거룩성과 영광스러움이야말로 하나님의 대표적 속성이며, 성도들이 삶의 모든 과정을 통해 완성시켜 가야 할 인격적 과제인 것입니다.

기독교 교리에서는 이것을 성화(sanctification)와

영화(glorification)의 사건이라고 말합니다. 24 장로
는 거룩하고 영광스러운 하나님을 바라보고 예배함으
로 그 하나님의 속성을 닮아가게 된 것이라 할 수 있습
니다.

셋째로, **참된 예배는 세상을 이기는 ________을 얻
게 합니다.**

요한계시록에서 천상예배의 광경은 4장, 5장에 걸쳐
묘사되며, 이 예배는 5장 14절의 아멘과 함께 끝납니
다. 이어서 전개되는 6장 이하에서 하나님은 이제 하
늘나라가 아닌 땅에서 진행되는 역사의 모습을 드러내
보여 주십니다. 그것은 곧 전쟁과 기근과 질병과 재해
로 가득 찬 세상의 모습입니다. 그것은 다시 말하면,
예배자들이 잠시 후 직면해야 할 세상의 모습입니다.
참된 예배의 승패는 예배 후 우리가 부딪치는 이 세상
에서 승리를 얻을 수 있느냐에 달려 있습니다. 참된 예
배자들은 기어이 승리할 것입니다. 그것은 예배의 주
인 되신 주님이 세상 길에 친히 우리의________가
되사 생명수 샘으로 인도하시고, 마침내 우리 눈에서
모든 ________을 씻어 주심으로 이 승리의 여정을 마
치게 하실 것이기 때문입니다(7장 17절).

그러면 이런 예배를 어떻게 우리는 신령과 진정으로
드릴 수 있을까요?

참된 예배의 자세

첫째로, 무엇보다 준비된 자세로 예배에 임해야 합니

다.

요한계시록 2, 3장은 소아시아 일곱 교회를 통하여 모든 교회에 말씀하시는 주님의 메시지가 기록되어 있습니다. 이 교회들에 대한 말씀은 반드시 "________있는 자는 ________이 교회들에게 하시는 말씀을 들을 찌어다"(요한계시록 3장 22절)라는 말로 마쳐지고 있습니다. 사도 요한은 바로 이런 주님의 말씀을 듣고자 하는 진지한 자세로 주님 앞에 있다가 성령님의 감동을 입은 것입니다. 이것이 바로 신령(spirit)과 진정(truth)으로 드리는 예배입니다(요한복음 4장 24절).

둘째로, 하나님을 집중적으로 묵상해야 합니다.
예배의 가장 단순한 정의(定義)는 "하나님의 하나님 되심의 인식에 기초한 피조물인 인간의 응답"이라고 할 수 있습니다. 본문 11절에 24장로가 "하나님은 ________과 ________와 ________을 받으시는 것이 합당하오니"라고 했을 때, 그 "합당"이라는 단어는 영어 "worthy"로서 하나님의 가치(worth)에 대한 인식을 전제로 한 것입니다. 하나님은 누구시며 우리를 위해 어떤 일을 하셨는가? 이것을 묵상하면 할수록 참된 예배가 이루어집니다.

> **질문 1** 4장 11절에서 24장로는 예배해야 할 이유가 무엇이라고 고백하고 있습니까? 또한 여기서 예배의 대상은 누구입니까?

5장 12절에서 천천만만(千千萬萬)의 천사들은 우리가 예배하는 이유가 무엇이라고 고백하고 있습니까? 또 여기서는 예배의 대상으로 누가 강조되고 있습니까?

셋째로, **하나님께 대한 드림의 자세로 임해야 합니다.** 이기적인 오늘의 현대인은 "얻기 위해서만" 예배의 자리로 나아갑니다. 좋은 찬양을 듣고 말씀을 듣는 것을 목적으로 합니다. 그러나 본래 예배는 우리가 우리의 가진 것을 하나님께 드리는 기회입니다. 4장 10절에 보면 24장로들은 예배의 자리에서 _________의 면류관을 벗어 보좌 앞에 던지고 있습니다. 진정한 예배는 자기가 아닌 하나님께 초점을 두는 예배입니다. 우리는 예배의 자리로 나아갈 때에, 그분이 내게 행하신 모든 일을 인하여 사랑과 감사의 심정으로 찬양을 드리고 기도를 드리고 헌금을 드리고 예배를 드려야 합니다.

♣ 맺는 질문

나의 예배 태도에서 변화되어야 할 부분은 무엇인가?

1.

2.

3.

예배지침

다음주 예배를 다음과 같은 사항들을 유념하여 드린 후, 그 소감을 아래의 "금주의 과제 3"의 빈칸에 기록해 보십시오.

1. 적어도 예배 15분전에 도착하여 15분간 예배준비를 위한 묵상과 기도를 드린다.

2. 이 예배를 통해 주님의 음성을 듣게 해달라고 기도한다.

3. 하나님이 지난 한 주간 베풀어주신 은혜들을 헤아려 보며 감사의 기도를 드린다.

4. 십일조나 헌금 약간의 감사헌금, 선교나 구제헌금 등을 구별하여 미리 준비하여 드린다.

5. 대표기도에 공감되는 대목마다 아멘으로 화답하며 기도한다.

6. 모든 찬양에 있어 가사의 의미를 묵상하며 마음을 다해 목소리를 높여 주님께 드린다.

7. 설교의 핵심을 기록하며 듣고, 말씀의 응답으로 어떻게 한 주간을 살 것인가를 결심하며 헌신의 기도를 드린다.

금주의 과제

1. 요절을 암송하십시오.

2. 제 3과 "예배의 축복"을 복습하며 감동되었던 점들
   을 기록해 보십시오.

3. 예배 지침에 따라 예배를 드린 후 예배 소감을 아
   래 빈칸에 기록해 보십시오.

4. 제 4과를 예습하십시오.

"제일 먼저 하나님을 예배하라.
기도하는 것을 망각한 사람은 좋은 내일이나,
좋은 날을 기대할 수 없다."   - T. 랜돌프 -

4

교회 봉사의 원리

마태복음 25:14~30

암송요절 "그 주인이 이르되 잘하였도다 ________ 하고 ________ 된 종아 ________ 에 충성하였으매 내가 많은 것으로 네게 맡기리니 네 주인의 즐거움에 참예할지어다" (마태복음 21장 25절).

오늘날 우리는 교회의 일꾼 혹은 ________ (minister)라는 말을 좁은 의미에서 ________ 에게만 적용시키는 경우들이 있습니다. 그러나 신약성경은 모든 참된 교인들의 성장 목표는 일꾼 됨이며, 목사의 직무는 바로 성도들을 "사역자 됨"의 자리로 인도하여 그들에게 "________ 일"(엡 4:12)을 하게 하는 것입니다. 본문은 모든 성도들이 그들의 사역의 장(場)에서 섬길 때에 반드시 기억해야 할 봉사의 원리들을 제시하고 있습니다.

청지기의 원리

본문 14절에 보면, 주인은 타국에 가면서 자기의 소유들을 종들에게 "________". 그러나 종은 여전히 소유자는 아닙니다. 그는 관리자요 청지기입니다. 교회의 봉사자들도 주님께로부터 자기 은사에 따라 어떤 사역

을 수행하도록 위임받은 사람들입니다. 따라서 청지기
직을 올바로 수행하기 위해서 기억해야 할 가장 중요
한 두 가지가 있다면 ________ 의식을 갖지 말고 "____
____ 의 날"이 다가옴(19 절)을 늘 생각하는 것입니
다.

재능의 원리

본문 15절에 보면, 주인이 종들에게 달란트를 위임할
때 각각의 ________ 대로 주었다고 했습니다. 다섯 달
란트를 받은 이도 있었고 두 달란트를 받은 이도 있었
고 한 달란트를 받은 이도 있었습니다. 중요한 것은
이들이 각각 다르게 받았다는 사실입니다. 본문에 나
타난 달란트(talents)는 화폐 단위이지만, 오늘 우리
는 똑같은 단어인 달란트를 재능의 의미로 사용하고
있습니다. 성경은 우리가 하나님께로부터 받은 재능을
다시 두 가지 유형으로 구별하여 가르치고 있습니다.

이 두 가지는 ________ 재능(natural talents)과
________ 은사(spiritual gifts)입니다. 하나님을 제

외하고 자기의 재능을 가장 잘 아는 사람이 자신이라
면, 우리는 스스로 교회 안에서 나의 재능이 가장 효
율적으로 사용될 수 있는 봉사 영역이 어디인가를 살
펴 그 일에 _________ 해야 합니다.

<table>
<tr><td colspan="2">질문 2 당신이 현재 교회에서 봉사하고 있는 일들은 무엇
입니까? 그 일들에 대한 당신의 평가는 무엇입니까? (○표
하십시오. 1-절대적으로 부족함, 2-부족함, 3-보통임, 4-다
소 양호함, 5-바람직함)</td></tr>
</table>

	봉사하는 일들	나의 평가
1		1 2 3 4 5
2		1 2 3 4 5
3		1 2 3 4 5

성실성의 원리

본문 21절에 보면, 다섯 달란트로 다섯 달란트의 이익
을 남긴 자들에 대한 주인의 칭찬이 기록되어 있습니
다. 여기에서 주인은 종이 한 일이 _________일이었기
때문에 칭찬한 것이 아니라 _________일에 충성
(faithfulness)하였기 때문이라고 말합니다. 그 당시
에 금 한 달란트는 무려 20년간의 생활비에 해당될 만
큼 굉장한 가치를 지니고 있었으나, 하나님의 안목에
서는 사람의 큰 것도 작은 것에 불과했습니다. 우리에
게 위임된 일이 얼마나 큰 일이냐 작은 일이냐가 아니
라, 우리가 그 위임된 일을 얼마나 _________하게 감

당하느냐가 중요합니다.

정당한(legitimate) 충성의 원리

마지막으로 본문을 통해 우리가 배우고자 하는 봉사의 원리는, "정당한" 충성의 원리라고 할 수 있습니다. 그것은 우리의 충성의 동기와 과정과 결과가 정당한 요소를 갖추어야 한다는 원리입니다.

첫째 / 충성의 동기

주인이 종들을 칭찬할 때 주인은 그들이 ________하고 충성된 종이라고 말했습니다. 오늘 수행하고 있는 사역들에 대하여 정당한 봉사의 동기로 임하고 있습니까?(21, 23절)

둘째 / 충성의 과정

책망받은 종의 변명처럼 ________않은 데서________ 하는 그릇된 욕망 때문에 정당하지 못한 과정을 밟아 봉사하고 있는 측면들은 없습니까?(24절)

셋째 / 충성의 결과

책망받은 종은 마지막에 ________한 종이라는 선언을 받고 말았습니다(30절). 우리의 봉사가 궁극적으로 우리가 섬기는 교회 공동체를 유익하게 하는 정당한 일인지 물어야 합니다.

맺음말

우리는 그 동안의 교회 봉사 생활에서 시정해야 할 일들을 살펴보고 또한 새롭게 봉사를 시작해야 할 일들을 정하여 착하고 충성된 봉사자들이 되어야 합니다.

	시정해야 할 봉사 영역
1	
2	
3	

	새롭게 시작해야 할 봉사 영역
1	
2	
3	

 **금주의 과제**

1. 요절을 암송하십시오.

2. 제 4과 "교회 봉사의 원리"를 복습하며 감동되었던
   점들을 기록해 보십시오.

3. "DW 은사 점검표"에 따른 자기의 영적 은사가 무
   엇인가를 찾고, 은사에 따라 나에게 적절한 교회
   봉사의 영역이 무엇인가를 모색하십시오.

4. 제 5과를 예습하십시오.

DW 은사확인점검표

(가 - 전혀 안함(안 그렇다)   나 - 가끔   다 - 자주   라 - 거의   마 - 항상)

1. 나는 바른 말 하기를 주저하지 않는다.　　　　　　　(가,　나,　다,　라,　마)

2. 나는 어떻게 해야 다른 사람을 도울 수 있는지 판단이 된다.

　　　　　　　　　　　　　　　　　　　　　　　(가,　나,　다,　라,　마)

3. 나는 깊은 생각과 이론에 대하여 토의하기를 즐긴다.　(가,　나,　다,　라,　마)

4. 사람들은 자주 나에게 충고와 도움을 기대한다.　　　(가,　나,　다,　라,　마)

5. 나의 삶을 되도록 간단하고 검소하게 유지하고 싶다.　(가,　나,　다,　라,　마)

6. 목표를 세우고 반드시 성취하기를 원한다.　　　　　(가,　나,　다,　라,　마)

7. 다른 사람들을 돕는 일에 큰 기쁨을 느낀다.　　　　(가,　나,　다,　라,　마)

8. 나는 다른 사람들을 도울 때 그 댓가를 기대하지 않고 돕고자 한다.

　　　　　　　　　　　　　　　　　　　　　　　(가,　나,　다,　라,　마)

9. 나는 다른 사람들의 신앙성장에 깊은 관심을 갖게 된다. (가,　나,　다,　라,　마)

10. 나는 다른 사람들의 어려운 사정에 관심을 갖게 된다. (가,　나,　다,　라,　마)

11. 나는 어려운 일을 성취하는데 깊은 보람을 느낀다.　(가,　나,　다,　라,　마)

12. 나는 내가 하는 좋은 일을 타인이 알기를 원치 않는다. (가,　나,　다,　라,　마)

13. 나는 내가 가진 것을 타인들과 나누고 싶어한다.　　(가,　나,　다,　라,　마)

14. 나는 문제를 발전적 계기로 보고 싶어한다.　　　　(가,　나,　다,　라,　마)

15. 나는 이 세상의 부조리와 죄악에 큰 분노를 느낀다.　(가,　나,　다,　라,　마)

16. 나는 누가 내게 요청하지 않아도 필요하다면 돕고 싶다. (가,　나,　다,　라,　마)

17. 나는 상황 판단을 잘하는 편이다.　　　　　　　　(가,　나,　다,　라,　마)

18. 나는 사람들이 용기를 내도록 격려하고 싶어한다.　(가,　나,　다,　라,　마)

19. 나는 문제가 발생한 원인을 빨리 찾아낸다.　　　　(가,　나,　다,　라,　마)

20. 나는 상처받은 사람들에게 동정을 느낀다.　　　　(가,　나,　다,　라,　마)

21. 내가 하는 말이 타인들에게 도움이 되는 것 같다.　　(가,　나,　다,　라,　마)

22. 나는 병든 자와 소외된 사람들에게 각별한 관심을 갖게 된다.

　　　　　　　　　　　　　　　　　　　　　　　(가,　나,　다,　라,　마)

23. 나는 나 자신을 부지런한 일군으로 간주한다.　　　　(가.　나.　다.　라.　마)

24. 나는 비교적 좋은 조언자(상담자)로 평가받는다.　　(가.　나.　다.　라.　마)

25. 나는 헝클어진 분위기 속에서도 비교적 침착하게 생각한다.

　　　　　　　　　　　　　　　　　　　　　(가.　나.　다.　라.　마)

26. 나는 작은 일이지만 누구에게라도 도움이 되고 싶다.　(가.　나.　다.　라.　마)

27. 나는 내가 확신하는 일에 대해서는 양보하고 싶지 않다.(가.　나.　다.　라.　마)

28. 나는 일만 성사되면 누가 영광을 받든지 개의치 않는다.(가.　나.　다.　라.　마)

29. 내가 중요하다고 생각되는 것은 타인에게 말하고 싶어진다.

　　　　　　　　　　　　　　　　　　　　　(가.　나.　다.　라.　마)

30. 일을 성공적으로 마무리하는 것이 무엇보다 중요하다.　(가.　나.　다.　라.　마)

31. 나는 역경과 곤경에 빠진 사람의 심정을 잘 공감하는 편이다.

　　　　　　　　　　　　　　　　　　　　　(가.　나.　다.　라.　마)

32. 사람들은 나를 솔직하고 분명한 사람으로 간주하는 것 같다.

　　　　　　　　　　　　　　　　　　　　　(가.　나.　다.　라.　마)

33. 나는 다른 사람이 틀린 것에 대해 지적하는 편이다.　(가.　나.　다.　라.　마)

34. 나는 내가 소유한 것은 궁극적으로 다른 이와 나누어야 한다고 느낀다.

　　　　　　　　　　　　　　　　　　　　　(가.　나.　다.　라.　마)

35. 나는 어떤 일을 다른 이에게 맡기기 보다 내가 하는 편이 수월하다고 느낀다.

　　　　　　　　　　　　　　　　　　　　　(가.　나.　다.　라.　마)

은사 평가서

방법 : 먼저 각 은사에 해당하는 문항에(가, 나, 다, 라, 마)중 어떤 표기를 했는지 (   )에 기록하고
   다음 줄에 (가, 나, 다, 라, 마)에 해당하는 •점수를 표기하여 합산하십시오.
보기 : 1) 예언

   1(나) + 15(나) + 21(라) + 27(나) + 32(라)
    1   + 1   + 3   + 1   + 3   =   9

---

* 해당되는 점수 : 가 = 0,   나 = 1,   다 = 2,   라 = 3,   마 = 4

1) 예언

   1 (   ) + 15 (   ) + 21 (   ) + 27 (   ) + 33 (   )

   _______ + _______ + _______ + _______ + _______ = 계 _______

2) 섬김

   2 (   ) + 16 (   ) + 26 (   ) + 28 (   ) + 35 (   )

   _______ + _______ + _______ + _______ + _______ = 계 _______

3) 가르침

   3 (   ) + 14 (   ) + 17 (   ) + 25 (   ) + 29 (   )

   _______ + _______ + _______ + _______ + _______ = 계 _______

4) 권위

   4 (   ) + 9 (   ) + 18 (   ) + 24 (   ) + 32 (   )

   _______ + _______ + _______ + _______ + _______ = 계 _______

5) 구제

   5 (   ) + 12 (   ) + 8 (   ) + 13 (   ) + 34 (   )

   _______ + _______ + _______ + _______ + _______ = 계 _______

6) 다스림

   6 (   ) + 11 (   ) + 19 (   ) + 23 (   ) + 30 (   )

   _______ + _______ + _______ + _______ + _______ = 계 _______

7) 긍휼

   7 (   ) + 10 (   ) + 20 (   ) + 22 (   ) + 31 (   )

   _______ + _______ + _______ + _______ + _______ = 계 _______

♥ 나의 가능성 있는 은사는? (많이 받은 점수순으로 표기합시다)

1		2	

"우리가 가진 모든 것은 우리의 것이 아니라
하나님께서 우리에게 맡겨 주신 것들이다.
우리는 주께서 주신 모든 소유와 시간과 재능과 영향력을
그분을 위해 사용할 의무가 있다"   - 찰스 시몬스 -

5

하나되게 하신 교제

에베소서 4:1~6

암송요절 "________ 의 매는 줄로 성령의 ________ 되
게 하신 것을 힘써 지키라"(에베소서 4장 3절).

우리가 처음 예수 믿고 그리스도인이 되었을 때
제일 어려운 일은, 지금까지 우리가 살아 오던
"세상 안에서" 그대로 옛날처럼 살아갈 수 없다는 것입
니다. 우리는 일단 세상을 떠나야 합니다. 왜냐하면 우
리는 더 이상 세상에 ________ 아니한 사람이기 때문
입니다(요한복음 17장 14절). 그러나 우리는 결코 세
상 밖으로 홀로 버려진 것이 아닙니다. 우리는 아직도
세상 안에 있으나 세상에 속하지 아니한 새로운 공동
체인 ________ 의 일원이 된 것입니다. 하나님께서는
우리가 이제 몸된 교회의 많은 ________ 중에 하나가
되어(고린도전서 12장 12절) 다른 성도들과 교제하며
이 교제를 통하여 세상을 이기는 힘을 얻고 살아가게
하신 것입니다. 이제 우리의 책임은 우리의 교제가 평
안 가운데 진정한 "하나 됨"을 경험하도록 이 교제를
힘써 ________ 일입니다.

교제의 근거

본문 4~6절은 성도 교제의 근거로서 일곱 가지를 제시하고 있습니다. 즉, 우리는 하나의 ______, 하나의 ______, 하나의 ______, 하나의 ______, 하나의 ______, 하나의 ______, 하나의 ______ 에 속해 있습니다. 이 일곱 가지 근거를 다시 세 쌍으로 나누어 볼 수 있습니다.

　　첫째/ ________, **하나의 성령**, ________
성령께서 우리를 거듭나게 하시사 한 ________에 속하게 하시고 ________을 같게 하셨습니다.

　　둘째 / **하나의 주님**, ________, ________
우리는 같은 주님을 믿고, 이 동일한 믿음에 근거한 동일한 신앙 고백을 하게 되었습니다.

　　셋째 / **한 ________아버지**
우리는 동일한 하나님을 아버지로 모신 아버지의 자녀들입니다.

> **질문 1** 이와 같은 그리스도인들의 교제의 근거와 달리 세상 사람들은 어떤 교제의 근거들을 찾고 있습니까?

교제를 지키기 위해 요청되는 행동들

본문 2절에는 성도의 교제를 지켜 나가기 위해서 우리에게 요청되는 인격적인 덕목 혹은 태도들이 열거되어 있습니다. 그러나 바울 사도는 이것들은 덕목 이상, 태도 이상의 행동이어야 한다고 역설합니다(1절).

첫째 / 겸손(겸손한 행동)

겸손은 "우리의 생각이나 자세를 ________" 것입니다. 이것은 종 된 자세나 태도를 요청하는 말입니다. 종 된 자세의 반대는 "주장하려는 자세"라고 할 수 있습니다. 주장하려는 자세는 교제를 깨고, 겸손한 자세는 교제를 세울 수 있습니다.

둘째 / 온유(온유한 행동)

온유는 "우리의 강력한 감정이나 힘, 특권을 _______ (control)하는 자제력 있는 태도"라고 할 수 있습니다. 우리가 이러한 태도를 취할 수 있는 것은, 하나님을 신뢰하고 그분께 영광 돌리려 하기 때문입니다. 아브라함은 하나님을 신뢰하고 조카 롯에게 좋은 땅을 _____ _____ 하는 자제력을 보였습니다.

셋째 / 오래 참음(인내하는 행동)

오래 참음은 "어떤 역경이나 위기, 고통의 상황에서도 포기하지 않는 태도"라고 할 수 있습니다. 어떤 역경도 결국은 하나님의 선(善)을 이루기 위한 것이라고 믿는 사람은, 어떤 상황에서도 _______할 수 있습니다. 이런 인내는, 인내하는 과정 없이는 생겨나지 않습니다.

넷째 / **용납함**

용납은 "상대방을 있는 그대로 수용하는 태도"를 뜻합니다. 이런 용납은 억지로 하는 용납이 아니라 사랑의 용납이어야 합니다. 이 사랑은 _________(agape)적인 사랑입니다. 끊임없이 상대방의 자리에 서서 상대방을 이해하려고 할 때, 우리는 참된 사랑으로 이웃을 용납하게 될 것입니다.

맺음말

이런 덕목과 행동에 따라 살면 결국 이 악한 세상에서 손해를 볼 것이라고 사람들은 생각합니다. 그럴 수도 있습니다. 그러나 겸손과 온유와 인내와 사랑의 용납을 추구하다 보면 어떤 인격을 이루어 나가게 될까요? 그런 과정을 통해 바로 우리는 _________를 닮아 가게 됩니다. 이것이야말로 성도의 교제의 궁극적인 목표요, 유익이라고 할 수 있습니다.

질문 2 교제를 지키는 네 가지 인격적 덕목(행동)을 가지고 자신을 평가해 보십시오(1-절대적으로 부족함, 2-부족한 편임, 3-보통임, 4-다소 양호한 편임, 5-바람직한 상태임). 해당 번호에 ○표 하십시오.

- 겸손　　　　　(　1　2　3　4　5　)
- 온유　　　　　(　1　2　3　4　5　)
- 오래 참음　　(　1　2　3　4　5　)
- 사랑의 용납　(　1　2　3　4　5　)

 **금주의 과제**

1. 요절을 암송하십시오.

2. 제 5과 "하나 되게 하신 교제"를 복습하며 감동되었던 점들을 기록해 보십시오.

3. 제 6과를 예습하십시오.

   * 참고도서-"교제"(제임스 패커저, IVP간행).

"성도는 마치 석탄불과 같아서 뭉치면 활활 타오르고
흩어지면 이내 꺼져 버리고 만다."
- 찰스 시몬스 -

"성도는 마치 석탄불과 같아서 뭉치면 활활 타오르고
흩어지면 이내 꺼져 버리고 만다."
- 찰스 시몬스 -

6

거룩한 교제의 목표

암송요절 "서로 돌아보아 _______ 과 _______을 격려하며 _______를 폐하는 어떤 사람들의 _______과 같이 하지 말고 오직 권하여 그 날이 가까움을 볼수록 더욱 그리하자"(히브리서 10장 24,25절).

교제라는 단어를 접할 때, 제일 먼저 우리가 연상하게 되는 것은 이성교제입니다. 종종 결혼이라는 목표가 없는 이성 교제가 불행한 결과를 낳는 것을 볼 수 있습니다. 성도의 교제도 참으로 의미 있는 교제가 되기 위해서는, 그 교제의 목표를 인식하는 일이 필요합니다. 교회가 본질적으로 "교제(koinonia)의 공동체"라면 우리 모임의 목표는 도대체 무엇이어야 하고, 그 목표는 어떻게 성취될 수 있을까요?

교제의 목표

첫째 / 서로를 _______ 케 하는 것(12절)

본문 12절에서 "온전케 한다"(equipping, perfecting)는 말은 본래 "모자라는 것을 채운다", "못 쓰게 된 것을 수리하여 원상태를 회복한다", 혹은 "병든 것을 건강하게 한다"는 뜻의 말입니다. 성도 교제의 중요한

한 목표는 이웃에게 도움이 되도록 "________"
(contribute)해야 한다는 것입니다. 인간은 모두 고독
한 존재여서 이웃에게 사랑을 받고 도움을 받고자 접
근합니다. 그러나 도움을 기대하면 기대할수록 더 큰
상처와 좌절을 겪게 되는 것이 보편적 경험이라 할 수
있습니다. 그러므로 건강한 교제가 이루어지려면, 자
신이 오히려 이웃에게 도움을 줄 목적으로 접근해야
합니다. 하나님이 모든 성도에게 빠짐없이 영적 ______
를 주신 것이 사실이라면, 이웃에게 도움이 될 수 없는
존재란 우리 중에 한 명도 있을 수 없습니다.

> **질문 1** 사도행전 9장 26,27절과 11장 19~26절 말씀을
> 읽고 바나바가 바울에게 어떻게 도움이 되었는지 기록해 보
> 십시오.

둘째 / ________ 의 일을 하기 위한 것(12절)

교제(Koinonia)란 말은 단순한 "친교"보다 더 깊고
넓은 의미를 갖습니다. 참된 교제는 이웃과 더불어 나
누는 삶이며, 한걸음 더 나아가 이웃과 함께 하나님
나라의 봉사에 참여하는 삶을 뜻합니다. 그러므로 바
람직한 성도 교제의 결론은, 함께 봉사의 사역에 참예
함으로 나타내야 합니다.

초대교회에서 봉사 사역은 일반적으로 구제 봉사, 교
회 봉사(재정 출납, 성찬 봉사, 강사 접대, 성도 심방

등), 사회 봉사, 선교 봉사 등으로 표현되었습니다.

> **질문 1** 자신의 봉사 사역의 내용들을 적어 보십시오.
>
> • 구제봉사 ___________________________________
>
> • 교회봉사 ___________________________________
>
> • 사회봉사 ___________________________________
>
> • 선교봉사 ___________________________________

셋째 / 그리스도의 몸을 _________ 위한 것(12절)

교회는 그리스도의 몸입니다. 그러므로 그리스도께서는 자신의 몸인 교회를 통하여 이 세상에서 하고자 하는 일을 이루어 가고 계십니다. 그렇다면 이 그리스도의 몸을 든든하게 세워 가는 일은 얼마나 필요한 일입니까? 오늘 우리들의 교제는 과연 교회를 세우는 일에 기여하고 있을까요? 본문에서 "세운다"는 말은 문자 그대로 건물을 짓는다는 의미로 쓰여진 말입니다. 우리의 교제는 무형(無形)의 교회의 영성을 "지어 가는"(building) 작업입니다. 행여나 우리들의 교제를 통하여 교회를 헐거나 흔드는 일에 자기도 모르게 참여하는 경우들은 없습니까?

> **질문 3** 교인들이 교제를 통하여 교회를 헐거나 흔들 수 있는 일에는 어떤 것들이 있습니까?

넷째 / **그리스도를 닮아 가는 ________을 이루기 위한 것(13절)**

모든 그리스도인의 교제의 궁극적인 목표는 그리스도의________한 분량에 이르도록 그분을 닮아 가는 일입니다. 따라서 우리는 모일 때마다 피차에 하나님의 아들이신 그리스도를 ________는 일과 ________는 일을 이야기하며, 우리 모두의 공동 목표인 그리스도를 닮는 일을 격려해야 합니다. 그러기 위해서는 우리 각자가 먼저 그리스도를 닮아 가는 것을 생(生)의 분명한 목표로 설정하고 살아가야 합니다. 그때 우리는 다른 이들에게도 그리스도를 본받으라고 말할 수 있을 것입니다. 바울 사도는 그런 의미에서 고린도교회 성도들에게 "내가 그리스도를 ________자가 된 것같이 너희도 나를 ________가 되라"(고린도전서 11장 1절)고 말씀했습니다.

맺음말

이런 거룩한 목표들을 성취하기 위한 세 가지 실제적인 제안을 하고자 합니다.

첫째, 우리는 무엇보다 먼저 모이기를 힘써야 합니다(히브리서 10장 24,25절).
둘째, 우리의 교제에서 상대방의 장점(은사)을 발견하려고 애써야 합니다(에베소서 4장 11절).
셋째, 사랑과 분별(진리)의 태도로 이웃에게 접근하도록 애써야 합니다(15절).

다음을 점검해 보십시오. 해당되는 번호에 표하십시오(1-절대 부족함, 2-조금 노력함, 3-평균임, 4-다소 노력함, 5-열심히 노력함).

1. 교회 모임의 출석 여부는?　　(1 2 3 4 5)
2. 교우들에 대하여 장점을 발견하고 배우고자 하는 태도는?　　　　　　　　　(1 2 3 4 5)
3. 사랑과 분별의 균형은?　　(1 2 3 4 5)

당신의 교회 생활에서 앞으로 시정해야 하고 결심해야 할 일들은 무엇입니까?

1.

2.

3.

 **금주의 과제**

1. 요절을 암송하십시오.

2. 제 6과 "거룩한 교제의 목표"를 복습하며 감동되었
   던 점들을 기록해 보십시오.

3. 제 7과를 예습하십시오.

   * 참고도서-"형제를 위하여 깨어지는 삶"(한국 기독학생회 출판부, IVP간
     행).

“성도의 교제는 집의 벽과 같다.”

7

아버지의 명령

누가복음 15:25~32

암송요절 "예수께서 가라사대 네 ____ 을 다하고 ____ ____ 을 다하고 ____ 을 다하여 주(主) 너의 ____ 을 사랑하라 하셨으니 이것이 크고 첫째 되는 계명이요 둘째는 그와 같으니 네 ____ 을 네 몸과 같이 사랑하라 하셨으니" (마태복음 22장 37~39).

웹스터(Webster) 사전의 정의에 따르면 "바리새주의"란 "내적인 ____ 이 결핍된 채 외적인 ____ 의 모양을 꾸미는 것"입니다. 본문의 "맏아들의 비유"는 예수님 당시 바리새인들의 의식구조를 이해하지 못하고서는 설명하기 어려운 난해한 비유 가운데 하나라고 할 수 있습니다. 예수님의 말씀을 듣고 회개하고 하나님의 품으로 돌아오는 세리와 죄인들을 반길 수 없었던 바리새인들(누가복음 15장 1,2절)의 모습은, 다름아닌 본문에서 돌아온 동생을 환영할 수 없었던 맏아들의 모습입니다. 그리하고도 맏아들은 아버지께 자기는 결코 아버지의 ____ 을 어긴 일이 없었다(29절)고 항변했습니다. 실상 그는 아버지의 가장 중요한 명령들을 저버리고 있었음에도 불구하고 말입니다. 그가 순종해야만 했던 명령들 속에는 기독교를 기독교 되게 하는 본질적 요소들이 포함되어 있습

니다. 이 명령들은 크게 두 가지로 나누어 생각할 수
있는데 ________의 명령(evangelistic mandate)과
사회-문화적 명령(socio-cultural mandate)으로서의
"________의 실천"입니다.

네 형제를 찾으라

아직 동생이 돌아오지 못하고 있던 상황으로 되돌아간
다면, 이 명령이야말로 아버지가 맏아들에게 할 수 있
는 가장 중요한 부탁이라고 하겠습니다. 소위 예수님
의 지상명령(Great Commission)에서 "가서 모든 족
속으로 ________를 삼으라"(마태복음 28장 19절)는
부탁은 결국 모든 족속 가운데 잃어버린 자를 찾아 그
들로 "주(主)의 제자", 곧 "우리들의 형제"가 되게 하
라는 말씀입니다. 예수께서 이 땅에 오신 가장 중요한
이유는 "잃어버린 자를 찾아 ________하려 함"(누가
복음 19장 10절)입니다.

이것을 우리는 "복음 전도의 명령"이라고 부릅니다.
이 명령을 효과적으로 수행하기 위하여, 주께서는 성
령님을 통하여 구원받은 성도들의 공동체인 그리스도
의 몸, 곧 교회를 세우셨습니다. 따라서 복음 전도는
교회의 모든 사역 중 최우선순위를 차지해야 할 과제
라고 할 수 있습니다.

네 형제를 사랑하라

이제 동생이 아버지께 돌아온 상황(탕자의 비유, 누가
복음 15장 11~23절)에서 아버지께서 맏아들에게 부
탁할 가장 중요한 명령이 있다면 무엇일까요? 그것은
말할 것도 없이 "네 형제를 사랑하라"일 것입니다. 본
문의 비유에서 맏아들로 등장한 바리새인들이 세리나
죄인들의 돌아옴을 기뻐하며 그들을 영접할 수 없었던
가장 중요한 이유는 무엇일까요? 한마디로 그것은
"________ 의식의 결핍"이라 할 수 있습니다. 이미 살
펴본 누가복음 18장 11절의 바리새인들의 고백에서 알
수 있듯이. 그들은 자기들이 "세리와 ________ 아니
한 것을 하나님께 감사하나이다"라고 기도했습니다.

본문 30절에서 맏아들은 자기의 동생을 가리켜 "아
버지(당신)의 ________"이라고 불렀으나 아버지는
32절에서 둘째 아들을 가리켜 자신의 아들이라고 부르
지 않고 "________"이라고 했습니다. 한국 교회
교인들의 의식구조에서, 우리는 하나님께 대한 사랑을
고백하는 수직적 차원은 어느 정도 잘 훈련되어 있으

나, 하나님을 함께 섬기는 다른 성도들을 이웃과 형제로 발견하고 사랑하는 ________ 차원은 훈련되어 있지 못하다는 사실을 알 수 있습니다. 주님은 마태복음 22장 37,38절에서 하나님 사랑과 함께 이웃 사랑을 "가장 큰 계명"(Great Commandment)이라고 강조하고 계십니다. 교회는 이웃 사랑에 대한 실천적 책임을 사회-문화적 명령으로 이해해 왔습니다.

> **질문 2** 누가복음 10장 25~37절 말씀에서 예수님은 "이웃"의 개념을 어떻게 우리에게 전달하기 원하셨을까요?

맺음말

교회가 하나님의 명령을 효율적으로 순종하여 수행하도록, 교회의 지체 된 우리는 어떻게 참여할 수 있겠습니까?

첫째 / 복음 전도의 명령

• 당신은 전도 훈련을 받았습니까?　　(예 / 아니오)

• 받을 계획이 있습니까?　　(예 / 아니오)

• 훈련을 받지 못할 이유는 무엇입니까?

• 훈련을 받고 현재 전도에 참여하고 있습니까?

(예 / 아니오)

• 전도에 참여하지 못하고 있는 이유는 무엇입니까?

• 해외 선교에 참여하고 있는 일은 무엇입니까?

• 당신의 전도(선교) 생활에서 새롭게 결심해야 할 일
은 무엇입니까?

둘째 / 사회-문화적 명령(사랑의 실천)

• 당신이 현재 교회를 통해 이웃 사랑의 실천에 참여
하고 있는 사역은 무엇입니까?

• 개인적으로 수행하고 있는 사랑의 실천은 무엇입니
까?

• 앞으로 참여하고 싶은 사역은 무엇입니까?

 **마무리 점검**

지금까지 우리가 주님의 몸된 교회의 새가족으로써 자
기 성숙과 공동체적 사명완수를 위해 관심을 지불해야
할 네가지 영역들을 강조하였습니다. 이것은 교회를
교회되게 하는 기능이요 소명이라고도 할 수 있습니
다.

교회를 통하여 성도가 수행해야 할 네가지 의무의 영역을 점검해 보십시오(1-전혀되지 않고 있음, 2-좀 빈곤한 상태임, 3-적당한 상태임, 4-비교적 양호함, 5-아주 바람직한 상태임). 해당 번호에 ○표 하십시오.

1.하나님을 향한 의무-예배   (1 2 3 4 5)

2.세상을 향한 의무(사랑의 실천)-봉사   (1 2 3 4 5)

3.다른 성도를 향한 의무-교제   (1 2 3 4 5)

4.불신자들을 향한 의무-전도   (1 2 3 4 5)

 **금주의 과제**

1. 요절을 암송하십시오.

2. 제 7과 "아버지의 명령"을 복습하며 감동되었던 점들을 기록해 보십시오.

3. 제 8과를 예습하십시오.

    * 참고도서-"수레바퀴의 예화"(네비게이토 출판사 간행).

“나는 전세계를 나의 교구로 보고 있으니 세계 어느 곳에서든지
구속의 복음을 듣기 원하는 사람에게 전도하는 것은
참으로 좋은 일이다. 이것을 나는 나의 귀한 의무로 생각한다”
 - 요한 웨슬레 -

8

십일조와 헌금의 축복

암송요절 "각각 그 마음에 정한 대로 할 것이요 ______ 으로나 ______ 로 하지 말지니 하나님은 즐겨 내는 자를 ______ 하시느니라 하나님이 능히 모든 ______ 를 너희에게 넘치게 하시나니 이는 너희로 모든 일에 항상 모든 것이 넉넉하여 모든 ______ 을 넘치게 하려 하심이라"(고린도후서 9장 7,8절).

핍립 구에달라(Philip Guedalla)라는 작가가, 유명한 웰링톤(Duke of Wellington) 제독의 전기를 기록하면서 유난히 그의 생전의 "돈 쓰임새"에 대해 관심을 갖고 연구했습니다. 이것을 지켜 보던 한 친구가 그 이유를 물었을 때, 필립은 "돈을 어떻게 쓰는가를 보면 그의 ______ 을 알수 있기 때문"이라고 대답했다고 합니다.

진정 돈의 소비는 우리들의 관심의 ______ 순위 혹은 가치관을 반영한다고 할 수 있습니다. 본문을 기록한 말라기 선지자는 자신이 살고 있는 시대에, 하나님의 백성들이 타락하고 있는 증거로서 십일조와 ______ (헌금)(8절)을 중단한 현실을 지적하고 있습니다.

십일조와 헌금은 왜 중요할까요?

십일조와 헌금의 중요성

첫째로, 믿음의 표현이기 때문입니다.
말라기서 3장 3절은 레위 자손들이나 당시 종교 지도자들이 깨끗해질 때 제일 먼저 그들에게 일어날 변화는 ________ 제물을 드리는 것이라고 지적합니다. 그래서 선지자는 7절과 8절 말씀에서 당시 주(主)의 백성들에게 회개를 촉구하며 회개의 열매로 십일조와 헌금에 성실할 것을 촉구합니다.

일찍이 마르틴 루터(Martin Luther)는 우리에게 두 가지 회심(回心)이 있는데 "하나는 마음의 회심이요 또 하나는 ________(pocketbook)의 회심"이라고 말했습니다. 십일조가 중요한 것은 그것이 모든 유형의 헌금 가운데서 가장 규칙적인 헌금 형태이기 때문이라고 할 수 있습니다.

둘째로, 성도의 의무이기 때문입니다.
8절에서 말라기는 십일조와 헌물은 ________의 것이라고 역설합니다. 따라서 그것이 주께 돌려짐은 당연한 의무라고 할 수 있습니다. 선지자는 이 의무의 불이행을 ________의 범죄라고 지적합니다. 물론 신약시대에 와서 구약시대의 많은 ________제도가 폐지된 것은 사실이지만, 십일조의 윤리적 의무와 정신은 아직도 살아 있다고 말할 수 있습니다. 왜냐하면 십일조는 구약시대에 법으로 제도화 되기 이전에도 존재했으며 하나님의 백성들의 신앙적 관습에 해당되기 때문입니다(창세기 14장 20절 / 28장 22절). 주 예수께서도 십일조의 폐지를 반대하셨습니다(마태복음 23장 23절).

셋째로, 하나님 사역의 기초가 되기 때문입니다.

본문 10절에서 말라기 선지자는 "나의 ________ 에 양식이 있게 하라"고 명하고 있습니다. 구약시대에 하나님의 성전은 하나님의 사역을 수행하는 핵심 역할을 감당했던 것입니다. 이 하나님의 성전을 하나님의 집이라 했으며, 이 집의 양식으로 제사장의 생계를 지원했고 또 과부와 나그네, 고아를 섬겼습니다(5절). 신약시대에 이 집의 기능은 교회의 사명으로 연결되었고, 교회 또한 하나님의 집이라 했습니다(디모데전서 3장 15절). 역할의 차이가 있다면 신약교회의 가장 큰 책임으로 강조된 것은 선교(mission)였다는 것입니다.

질문 1 우리의 헌금을 방해하는 요소들에는 무엇이 있습니까?

십일조와 헌금의 축복

그러면 이런 헌금에 따르는 축복에는 구체적으로 어떤 것들이 있습니까?

첫째 / 기본적인 ______를 풍성히 공급하시는 축복

본문 10절에 "하늘 문을 연다"는 말은 농작물에 비를 내려 일상적 필요를 공급함(역대하 7장 13절)을 의미하였습니다. 우리가 십일조와 헌금으로 주를 섬길 때에 주님은 우리의 기본적인 필요를 풍성히 채우실 것을 약속하셨습니다. 바울 사도는 빌립보서 4장 19절에서 헌금으로 주의 선교에 동참한 빌립보 교인들에게 "나의 하나님이 그리스도 예수 안에서 영광 가운데 그 ______ 한 대로 너희 모든 ______ 을 채우시리라"고 축복했습니다.

둘째 / 우리의 소유를 ______ 하시는 축복

우리가 누리는 축복에는 획득(gain)을 통해서 얻는 축복도 있습니다. 그러나 우리가 많은 소유를 갖고 있다 해도 그 소유가 ______되면 무슨 소용이 있습니까? 본문에서 말라기 선지자는 농작물을 해치는 ______ 을 금하여 토지 소산을 보호하시겠다고 한, 하나님의 약속을 전달하고 있습니다(11절).

셋째 / 이웃에게 ______ 이 되는 축복

선지자는 믿는 성도가 축복을 받아, 믿지 않는 열방도 고 하게 될 것이라고 증거합니다(12절). 우리가 만약 주님을 섬기다가 망한다면 누구의 손해이겠습니까? 주님은 자신의 영광을 위하여 성도의 기업을 보호하시고 축복하심으로 이웃에게 선한 증거를 얻게 하십니다.

맺음말

이러한 언약된 축복들을 상기할 때 우리는 인색함으로
나 억지로가 아닌 즐거움으로 십일조와 헌금에 참여하
게 될 것입니다.

당장 십일조가 힘들다면 주정이나 월정으로 헌금 생활을 시작하는 것이 좋을 것입니다. 그러나 일정한 시일 안에 주정이나 월정을 십일조로 바꿀 목표를 정해 보십시오. 그리고 십일조가 더해 가는 세월의 축복 속에 우리를 향한 하나님의 풍성하신 축복을 헤아려 보십시다.

그러나 십일조가 헌금의 최고 목표가 되어서는 안 됩니다. H. 홉스(Hobbs)가 말한 것처럼 십일조가 성도의 의무 수행을 나타내는 것이라면 십일조 이상의 헌금은 주께 대한 참된 사랑의 표시입니다.

금주의 과제

1. 요절을 암송하십시오.

2. 제 8과 "십일조의 축복"을 복습하며 감동되었던 점
   들을 기록해 보십시오.

3. 제 9과를 예습하십시오.

   * 참고도서 - "영원에로의 초대"(죠지 스위팅지음, 이동원 옮김, 나침반 출
     판사 간행) pp. 113~119와 "성경적 십일조의 교훈과 축복"(이동원지음,
     나침반 출판사 간행).

"하늘나라에 황금을 가져 갈 수는 없어도,
영생을 위해 황금을 투자할 수는 있다."

9

영적 지도사(목사)에 대한 바른 이해

요한복음 1:6~8

암송요절 "너희를 _______ 하는 자들에게 _______ 하고 복종하라 저희는 너희 _______ 을 위하여 경성하기를 자기가 회계할 자인 것같이 하느니라 저희로 하여금 _______ 으로 이것을 하게 하고 _______ 으로 하게 말라 그렇지 않으면 너희에게 _______ 이 없느니라"(히브리서 13장 17절).

건강한 가정 생활을 위하여 부모 사이의 건강한 관계가 요청되는 것처럼 건강한 교회 생활은 성도들과 영적 지도자들 사이의 건강한 관계를 필요로 합니다. 그렇다면 성도들에게 "목사란 무엇인가?"에 대한 올바른 성경적 이해는 너무도 중요할 것입니다.

히브리서 기자는 13장 17절 말씀에서 성도들과 영적 지도자들의 건강치 못한 관계는 결국 지도자들 자신에게는 _______ 스러운 사역을 수행하게 할 것이며, 성도들에게는 _______ 이 없는 사역이 될 것이라고 충고합니다.

이것이 바로 올바른 "목사관" 정립이 필요한 이유입니다.

영적 지도자(목사)에 대한 두 가지 그릇된 오해

첫째 / 신(神)의 대리자

이것은 전통적인 로마 가톨릭의 견해인데, 신부(神父)를 제사장(priests)으로 이해하는 입장이라고 할 수 있습니다. 종교개혁을 통해 신약성경에 나타난 "만인제사장"의 진리가 발견되었음에도 불구하고, 오늘의 교회에도 영적 지도자를 제사장이나 중보자로 이해하려는 경향이 편만하고 있음을 부인하기 어렵습니다. 결과적으로 영적지도자를 "신의 대리자"로 생각하게 된 것입니다.

> **질문 1** 이런 견해가 비성경적이라는 것을 어떻게 성경적으로 증거할 수 있습니까?

둘째 / 목사 무용론

영적 지도자를 신의 대리자로 이해하는 것이 하나의 극단적 견해라면 이런 견해에 대한 역반응적인 또 하나의 극단적 입장은 "영적 지도자 무용론"이라고 할 수 있습니다. 이것은 만인 제사장설에 대한 극단적 적용의 결과라고 할 수 있겠습니다.

소위 형제교단(Plymouth Brethren) 이나 교회 "외곽단체"(parachurch organization) 등이 이런 입장을 지지하는 경향을 나타내고 있습니다. 그러나 모든 사람이 지도자가 될 수 있다는 가능성과, 모든 사람이 지도자라는 것은 별개의 논리입니다.

 신약성경에서 영적 지도자의 필요성이나 중요성을 강조하는 말씀들을 찾아보십시오.

영적 지도자에 대한 이해

요한복음 1장 6~8절을 중심으로 영적 지도자에 대해 살펴보도록 하겠습니다.

첫째 / 위치

모든 영적 지도자가 침례(세례) 요한과 마찬가지로 특별한 소명(calling)을 받은 지도자로서 "하나님께로부터 보내심"을 받은 사람(요한복음 1장 6~8절)이라면, 그는 하나님의 백성들에게 존경과 신뢰를 받아 마땅합니다. 왜냐하면 그것이 그를 보내신 분, 즉 하나님께 대한 우리의 존경과 신뢰를 의미하기 때문입니다.

 마태복음 10장 40~42절은 예수님께서 제자들에게 소명을 주어 파송하면서 주신 말씀입니다. 요약해 보십시오.

둘째 / **본성**

성경은 요한복음 1장 6~8절에서 침례(세례) 요한을 가리켜 그가 하나님께로부터 보내심을 받은 "사람"임을 강조하고 있습니다. 주께로부터 보내심을 받았다는 특별한 위치에도 불구하고 그는 여전히 사람입니다.

질문 4 우리의 영적 지도자가 "사람"이라면 우리는 그에게 어떤 측면에서 접근해야 하겠습니까?

셋째 / **사역**

본문은 침례(세례) 요한 자신이 빛이 아니지만 빛에 대하여 "증거하기 위한 사역"의 책임을 지고 있음을 역설합니다. 물론 증거의 사역은 모든 성도들이 감당해야 할 보편적 책임이기도 하지만, 하나님께서는 어떤 그리스도인들을 몸 된 교회 안에 "목사와 교사"(에베소서 4장 11절)로 세우셔서 말씀 사역을 전담하게 하십니다.

질문 5 사도행전 6장 1~6절 말씀을 읽고 초대교회에서 일종의 교회 중간 지도자라고 할 수 있는 일곱 집사(종들)를 세우신 중요한 이유가 무엇인지 말해 보십시오.

맺음말

영적 지도자를 도울 수 있는 방법들에 대해 간략하게 대답해 보십시오.

- 첫째 / 지도자의 지도력에 대하여(히브리서 13장 17절/디모데전서 5장 17절).

- 둘째 / 지도자의 생계에 대하여(고린도전서 9장 13.14절/디모데전서 5장 18절).

- 셋째 / 지도자에 대한 비판에 대하여(디모데전서 5장 19절).

- 넷째 / 지도자를 격려하기 위하여(갈라디아서 6장 6절).

금주의 과제

1. 요절을 암송하십시오.
2. 제 9과 "목사에 대한 성경적 이해"를 복습하며 감
   동되었던 점들을 기록해 보십시오.

3. 다음 주내에 과거나 현재의 영적 지도자 중 한 사
   람을 택하여 그에게 간단한 격려나 감사의 편지(혹
   은 카드)를 쓰고 그를 위해 기도해 보십시오.
4. 제 10과를 예습하십시오.

"목사는 양들의 영혼의 안전을 지키는 파수꾼이다."

10

교회의 승리와 우리의 승리

마태복음 16:13~20

암송요절 "내가 네게 이르노니 너는 베드로라 내가 이 _________ 위에 _________ (그리스도) 교회를 세우리니 음부의 권세가 이기지 못하리라"(마태복음 16장 18절).

주 예수님은 이 땅에 계실 때. 직업이 _________ 이셨습니다. 그분은 틀림없이 많은 집을 지으시는 일에 참여하셨을 것입니다. 그러나 그분은 가장 야심만만한 하나의 작업 계획을 가지셨습니다. 그것은 그분의 _________를 짓는 일이었습니다. 물론 이 교회는 우주적이며 무형인 구원 공동체를 의미합니다. 지상의 교회들은 바로 이 우주적 교회의 비전을 성취하기 위한 모임들입니다. 교회야말로 그분의 구속(救贖) 사역의 유일한 핵심 공동체라 할 수 있습니다.

세계 복음화를 위한 주님의 방법은 바로 "교회를 세우는 일"입니다. 그러므로 대적 마귀의 모든 전략의 핵심 또한 교회를 흔드는 일입니다. 그러나 본문에서 우리 주님은 음부의 권세가 이기지 못하리라고 언약하십니다. 이 교회의 승리를 지켜 나가기 위해 우리가 지향해야 할 교회상은 어떤 것일까요?

신앙 고백이 분명한 교회

주님이 "이 반석 위에 내 교회를 세우리라"(18절)고 말씀하실 때의 "이 반석"은 일반적으로 개신교 신학에서는 16절의 이 신앙 고백으로 이해되었습니다. 이 신앙 고백은 곧 "주(예수)는 __________ 시요 살아 계신 __________의 아들이시니이다"라는 고백입니다. 이 베드로의 신앙 고백을 듣고 17절에서 주님은 얼마나 기뻐하셨습니까?

오늘날 교회의 무력증과 취약성은, 본질적으로 교회가 교회 되지 못한 데 있으며, 그것은 결국 교회가 신앙 고백을 상실했기 때문이라고 할 수 있습니다. 살아 있는 신앙 고백이 있는 교회 안에서만, 우리 또한 살아 있는 믿음의 성도로 성숙해 갈 수 있을 것입니다.

질문 1 우리 교회가 신앙 고백이 분명한 교회가 되기 위하여 해야 할 일에는 어떤 일들이 있겠습니까?

구원받은 자의 신앙고백의 행위를 밥티즘(Baptism, 침례/세례)이라 일컫습니다. 사도행전에는 이 의식이 믿음보다 앞선 사례가 없습니다(행 2:41;8:13;8:36; 18:8). 초대 그리스도인들은 분명한 복음을 듣고 믿음으로 이 의식에 참여하여 신앙을 고백하였습니다. 그리고 참된 믿음을 가지게 되자 그들은 지체하지 않고

이 의식에 참여하였습니다. 그러므로 밥티즘은 그리스도인들의 최초의 믿음의 순종이었습니다. 이 의식으로 그들은 그리스도와 함께 죽고 다시 산 그리스도 안에서의 새 피조물이 된 것을 고백합니다(롬 6:3~5).

주인이 누구인가를 알고 있는 교회

본문에서 주님은 자신이 세우고자 하는 교회를 "______ ______ 교회"(18절)라고 말씀하셨습니다. 이 말씀은 오늘의 지역교회 상황에 두 가지로 적용해 볼 수 있습니다.

　첫째, 모든 교인들이 "________ 의식"이 아닌 "______ _____의 의식"을 가지고 섬기는 교회가 되어야 하겠다는 사실입니다.

　교회가 참으로 그리스도의 교회가 되려면 특정한 소수에 의해 이끌리는 교회가 아니라. 교회원 모두가 그리스도의 주권을 인정하고 리더쉽을 공유하며 궁극적 초점을 그리스도에게 두는 교회가 되도록 힘써야 합니다.

　둘째, 교파는 결코 본질적인 교회관의 요소가 아니라는 사실입니다. 주님은 장로교회나 감리교회 혹은 침례교회를 세우러 오신 것이 아니기 때문입니다. 교파는 일종의 ________에 불과합니다. 그러나 교파를 부정하고 교파 없는 교회를 만드는 일은 결국 또 하나의 교파를 만드는 것임을 유의해야 합니다.

　교파에 대한 유일한 선택 준거가 있다면, 그 교파의

주장이 얼마나 그리스도의 가르침에 접근하고 있느냐
는 사실이어야 할 것입니다.

비전을 갖고 자라는 교회

본문에서 내 교회를 "________"(will build)고 선
언하실 때, 주께서는 미래를 향한 그분의 교회 비전을
피력하신 것이라 할 수 있습니다. 엄격하게 말하면 그
리스도를 머리로 한 신약교회는 그리스도가 이 땅에
오심으로 시작되어, 오순절날 유대인과 이방인 사이의
벽을 넘어선 구원받는 이들의 우주적 교회로서 탄생하
였으며, 주님이 다시 오실 때 완성될 것입니다. 이 교
회는 마침내 "그리스도의________로서 티나 주름 잡
힌 것이 없이 주님 앞에 세워질 것"(에베소서 5장 27
절)입니다.

오늘 우리가 속한 지역교회 또한 비전을 갖고 자라기
위해 할 일은 무엇입니까? 그것은 결국 두 가지로 요약
될 수 있는데, 질적으로 말씀을 통해________을 이
루어 나가는 성숙(에베소서 5장 26절)과 구원받은 사
람들을 날마다 더해 가는 양적________(사도행전 2

장 47절)을 지속하는 일이라 할 수 있습니다.

질문 3 우리교회가 자라나기 위해 내가 기여해야 할 일에는 무엇이 있을까요?
1. 우리 교회의 질적 성장을 위하여:

2. 우리 교회의 양적 성장을 위하여:

질문 4 아래와 같은 교회의 '비전의 글'을 읽은 소감을 말해 보십시오.

"철저한 성서 교육과 복음 전도 훈련, 그리고 선교 훈련을 통하여 구원받은 이들을 더해가며 그리스도의 제자들을 지속적으로 생산하고 역동적인 교회 성장을 추구하여 '공동 목회'(Team Ministry)에 의한 세계 복음화의 이상을 실현하는 교회가 되고자 한다.

맺음말

이런 교회는 주님의 언약 그대로 음부의 권세가 이길 수 없는 교회로 존재해야 할, 그리고 축복받아야 할, 이유를 가진 교회일 것입니다. 여기서 음부의 권세가 이길 수 없다는 것은 교회의 영생을, 그리고 지옥의 사자들이 흔들 수 없는 승리의 언약을 의미합니다. 이와 같은 교회의 승리는 바로 교회의 지체가 된 성도들인 우리들 자신의 승리를 보증하는 것입니다.

 **금주의 과제**

1. 요절을 암송하십시오.
2. 제 10과 "교회의 승리와 우리의 승리"를 복습하며 감동되었던 점들을 기록해 보십시오.

3. 간단한 시험준비를 위해 지금까지 배운 내용 전체를 복습하십시오.

4. 새 가족반 전체를 수강한 소감을 한 페이지로 적어 제출하십시오.

GLOBAL MISSION BIBLE STUDY 1 · 새생명을 위하여
GLOBAL MISSION BIBLE STUDY 2 · 새가족을 위하여

"인간의 기억은 희미해질지라도 하나님의 약속은
결코 사라지는 법이 없다."

망망한 바다 한가운데서 배 한 척이
침몰하게 되었습니다.
모두들 구명보트에 옮겨 탔지만
한 사람이 보이지 않았습니다.
절박한 표정으로 안절부절 못하던 성난 무리 앞에
급히 달려 나온 그 선원이
꼭 쥐고 있던 손바닥을 펴 보이며 말했습니다.
"모두들 나침반을 잊고 나왔기에 … "
분명, 나침반이 없었다면 그들은 끝없이 바다 위를
표류할 수밖에 없을 것입니다.

삶의 바다를 항해하는 모든 이들을 위하여
우리는 그 나침반의 역할을 하고 싶습니다.
우리를 구원하신 아름다운 주님을
21세기 문명의 이기(利器)를 통하여
널리 전하고 싶습니다.

우리 나침반 가족은
구원의 복음과 진리의 말씀을 전하며
당신의 믿음 성장과 삶을, 가정을, 증거를,
그리고 당신의 세계를 돕고 싶습니다.

그리스도 안에서
우리는 당신을 진실로 사랑합니다.

"하나님은 모든 사람이 구원을 받으며
진리를 아는 데 이르기를 원하시느니라."
(디모데전서 2장 4절)

이동원 목사 설교집 안내

이렇게~ 시리즈

그리스도인의 실생활을

변화케 하는 감동의 메시지!

강해 설교의 귀감인

이동원 목사님의 설교집을

여기 당신 앞에 내놓습니다.

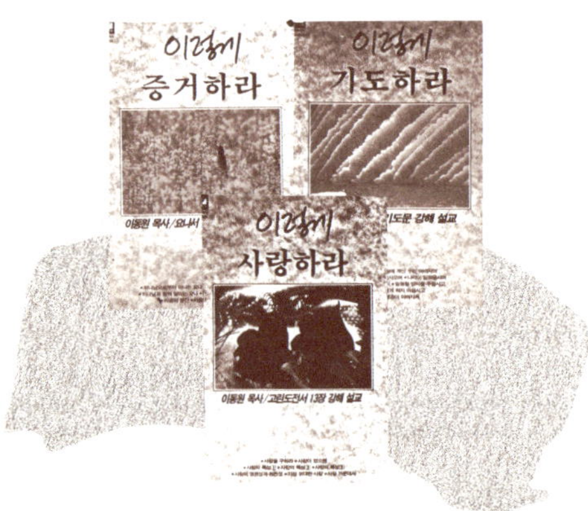

● 나침반 출판사는 이동원 목사님의 설교를 책자와 테이프로 보급하고 있습니다.
● 여기 소개된 책자들은 현재 테이프로 제작되어 절찬리에 보급되고 있으며,
● 그 외 책으로 출판되지 않은 설교도 현재 400여종을 구비하고 있습니다.

이동원 목사 설교집 안내

- **예루살렘에서 땅끝까지** / 사도행전 강해
- **하늘 가는 밝은 길** / 장막론·제사론 강해
- **사랑과 믿음이 있는 곳에** / 엣세이 새생활 세미나
- **열두 문 열두 돌** / 12지파·12제자 연구
- **당신은 안녕하십니까?** / 삶의 고난에 대한 치유의 메시지
- **성탄을 준비하셨습니까?** / 성탄 설교
- **비유로 말씀하시더라** / 그리스도의 비유 강해
- **거기 너 있었는가?** / 수난주간 새벽 강해

그리스도인의 실생활을 변화케 하는 감동의 메시지!

- **절망의 밤에 본 비전** / 에스겔서 강해
- **나를 소개합니다 – 예수** / 예수님의 자기 계시 강해
- **미움이 있는 곳에 사랑을** / 성 프란시스 기도문의 현대적 의미
- **마지막 계시 마지막 책임** / 요한계시록 강해 1
- **마지막 싸움 마지막 승리** / 요한계시록 강해 2
- **옛 창조에서 새 창조에로** / 창세기 1~11장 강해
- **행하는 그 일을 인하여 나를 믿으라** / 예수님의 기적 강해
- **서로가 서로를 위하여** / 성도의 교제의 원리와 실천

목회 중심, 성경 본문 중심, 교회생활 변화 중심 설교!

하나님의 마음에 합한 사람 **다윗**

성경 인물 강해 시리즈

나침반 출판사는 이동원 목사님의 설교를 책자와 테이프로 보급하고 있습니다.
여기 소개된 책자들은 현재 테이프로 제작되어 절찬리에 보급되고 있으며,
그 외 책으로 출판되지 않은 설교도 현재 400여종을 구비하고 있습니다.

2 가나안 정복의 영웅 **여호수아**

3 역사의 새벽을 가져온 사람 **느헤미야**

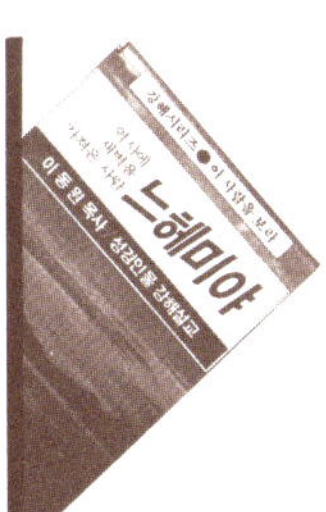

4 하늘 문을 열고 닫은 사람 **엘리야**

5 믿음의 뿌리가 된 사람 **아브라함**

6 첫 믿음의 계승자들 **이삭, 야곱, 요셉**

7 주께서 친히 아신 사람 **모세**

새가족을 위하여

지 은 이 ｜ 이동원

발 행 인 ｜ 김용호

발 행 처 ｜ 나침반출판사

발 행 일 ｜ 2012년 2월 10일

등　　록 ｜ 1980년 3월 18일 / 제 2-32호

주　　소 ｜ 110-616 서울 광화문 사서함 1641호

전　　화 ｜ 본　사 (02)2279-6321~3
　　　　　영업부 (031)932-3205

팩　　스 ｜ 본　사 (02)2275-6003
　　　　　영업부 (031)932-3207

홈 페 이 지 ｜ **www.nabook.net**

이 메 일 ｜ nabook@korea.com
　　　　　nabook@nabook.net

ISBN 89-318-1018-0

책번호　다-1413

값은 뒷표지에 있습니다.